Dirección editorial M.ª Jesús Díaz

Textos Erica Carracedo
Revisión Isabel López
Asesoramiento pedagógico María Luisa García Herrero
Ilustraciones Toni Rodríguez
Diseño de colección José Delicado
Realización y edición delicado diseño

© SUSAETA EDICIONES, S.A.
C/ Campezo, 13 - 28022 Madrid
Tel.: 91 3009100 - Fax: 91 3009118
www.susaeta.com

Cualquier forma de reproducción, distribución, comunicación pública o transformación
de esta obra solo puede ser realizada con la autorización de sus titulares, salvo
excepción prevista por la ley. Dirijase a CEDRO (Centro Español de Derechos
Reprográficos) si necesita fotocopiar o escanear algún fragmento de esta obra
(www.conlicencia.com; 91 702 19 70 / 93 272 04 47).

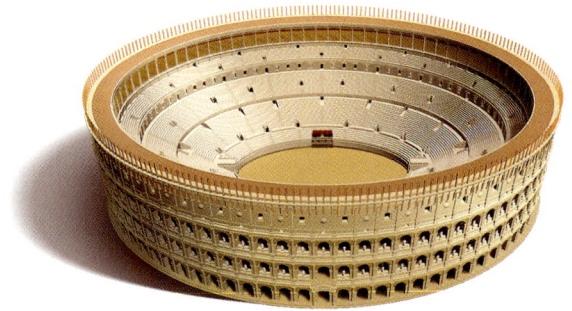

la **aventura** de **LEER** CON *SUSAETA*

Gladiadores

Divulgación

Textos de Erica Carracedo
Ilustraciones de Toni Rodríguez

GLADIADORES FAMOSOS

Espartaco

Protagonizó una rebelión contra el poder romano para acabar con la esclavitud y, aunque no lo consiguió, se convirtió en un referente de la lucha contra la opresión.

Crixo

Durante los primeros meses de la revuelta de los esclavos permaneció junto a su amigo Espartaco; más tarde se trasladaría al sur de Italia, pues estaba más interesado en saquear a los ricos.

Vero

Este esclavo, convertido en gladiador, logró la libertad tras un magnífico combate contra su amigo Prisco, celebrado el día de la inauguración del Coliseo de Roma.

Prisco

El gladiador Prisco también fue liberado después de la larga lucha con Vero, por resistir como él sin rendirse. ¡Incluso un poeta de la época escribió un poema sobre ellos!

Flamma

Este gladiador rechazó hasta en cuatro ocasiones la libertad, pues prefería seguir peleando hasta su muerte. Consiguió el récord de 21 victorias y 9 empates.

Cómodo

Fue un cruel emperador al que no le interesaba gobernar sino divertirse. Estaba obsesionado con los espectáculos de gladiadores y, para sorpresa de todos, se convirtió en uno de ellos.

Índice

¿Quiénes eran los gladiadores?	9
Así vivían los gladiadores	19
Gritos en la grada	28
¡Muerte en la arena!	40
Gladiadores famosos	52
Desaparición del espectáculo	60

CURIOSIDADES

- ¿Cómo se divertían los antiguos romanos? 15
- La alimentación de un gladiador 23
- El grandioso Coliseo 32-33
- ¡Cuidado con las fieras! 41
- Las reglas del juego 47
- Grafitis, la historia en las paredes 55
- Cristianos en la arena 64-65

Gladiadores de película 68
La Roma de los gladiadores 69

¿Quiénes eran los gladiadores?

Al igual que en la actualidad disfrutamos con los partidos de fútbol o de baloncesto, en la civilización romana, nacida hace casi 3.000 años en torno a la ciudad de Roma (Italia), la gente se divertía con los combates de gladiadores.

Estos espectáculos consistían en la lucha de dos hombres, algo parecido al boxeo o la esgrima de ahora pero… ¡con heridas que podían ser mortales!

Los antiguos romanos solo hacían ejercicio físico como entrenamiento para la batalla, pues era una civilización guerrera que, por medio de la violencia, se apoderaba de los territorios de otros pueblos para enriquecerse.

Por eso, los combates de gladiadores se entendían como una exhibición de fuerza, agilidad y resistencia, sin importar que murieran algunos luchadores. ¡Estaban locos estos romanos!

La crisis económica de entonces

Con la conquista de territorios en torno al mar Mediterráneo durante la época republicana (509 a.C.-27 a.C.),

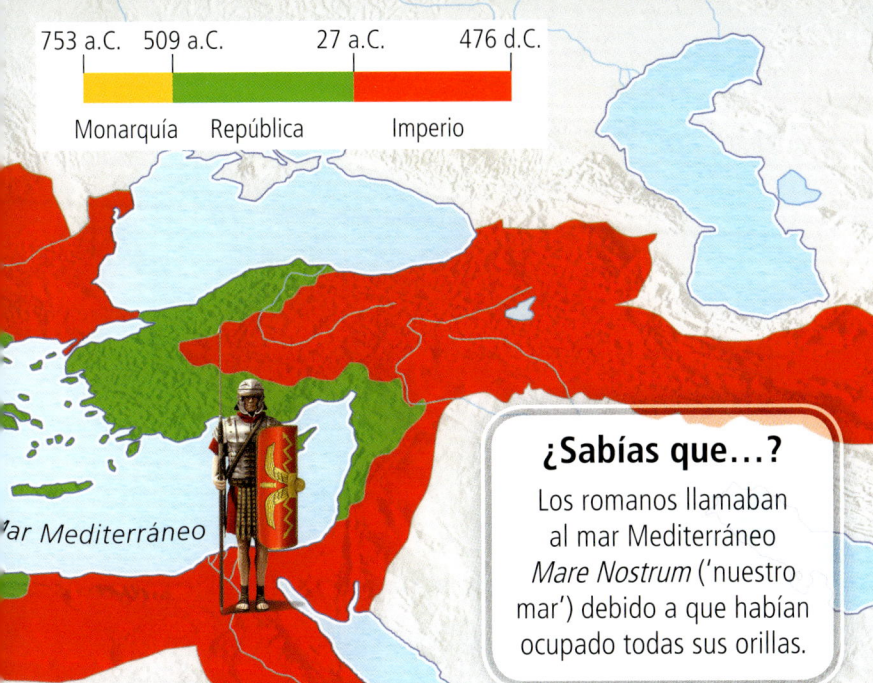

753 a.C.	509 a.C.	27 a.C.	476 d.C.
Monarquía	República		Imperio

Mar Mediterráneo

¿Sabías que…?

Los romanos llamaban al mar Mediterráneo *Mare Nostrum* ('nuestro mar') debido a que habían ocupado todas sus orillas.

los romanos consiguieron productos agrícolas y miles de prisioneros que se convertían en sus esclavos, es decir, ¡eran obligados a trabajar gratis!

En consecuencia, muchos trabajadores fueron despedidos al ocuparse los puestos con esta mano de obra sin salario.

Y mientras los ricos se enriquecían cada vez más al comprar tierras en los nuevos territorios y comerciar con esos pueblos lejanos, los pobres campesinos no vendían sus cosechas, pues los productos que llegaban de fuera eran más baratos.

Algunos hombres, para ganarse la vida, se alistaban en el ejército como legionarios o se ofrecían voluntariamente como gladiadores a cambio de algunas monedas. Sin embargo, en general, los gladiadores eran prisioneros de guerra, criminales condenados o esclavos que peleaban en contra de su voluntad.

¿Espectáculos para los muertos?

En su origen, durante la monarquía (753 a.C.-509 a.C.), estas luchas tenían lugar en los cementerios, fuera de la ciudad, en honor de algún familiar rico que hubiera muerto. Así su espíritu descansaría en paz y no atormentaría a los vivos.

Al ver que esa parte del funeral levantaba pasiones, empezaron a celebrar esas peleas en el bullicioso centro de la ciudad ¡y cobrando la entrada!

Con el paso del tiempo, los políticos de la época republicana (509 a.C.-27 a.C.)

comenzaron a organizarlas de manera gratuita. Era una forma de tener al pueblo contento y de que les continuara votando en las siguientes elecciones.

Cuando el emperador unificó todo el poder en su persona, durante la época imperial (27 a.C.-476 d.C.), los gladiadores también sirvieron para entretener al pueblo, descontento por la crisis económica; así, distraída con esos espectáculos, la gente no pensaría en saquear el lujoso palacio del emperador.

¿Cómo se divertían los antiguos romanos?

Prohibido aburrirse

Como los antiguos romanos no trabajaban, pues tenían esclavos, disfrutaban de mucho tiempo libre, así que, además de ver las luchas de gladiadores, pasaban el día en:

• las termas, donde recibían masajes o se daban baños relajantes de agua caliente, templada y fría;

• las carreras de caballos, en las que los aurigas (corredores) debían dar siete vueltas al circo (edificio de planta alargada) en el menor tiempo posible;

• las representaciones teatrales de comedias y tragedias, imitadas de los griegos. En ellas los actores hacían papeles de hombres ¡y de mujeres!, y si un actor en su texto debía morir... ¡lo hacía de verdad sobre el escenario!

Y lo mejor de todo: ¡estas diversiones eran gratis!, pues los políticos corrían con los gastos con tal de ganar muchos votos para mantenerse en el poder más tiempo.

> **¡Sin usar grúas!**
>
> Los romanos eran buenos constructores, pues sus edificios, con arcos y bóvedas, han llegado hasta nosotros y sin usar las máquinas actuales. ¡Y fueron los creadores del hormigón!

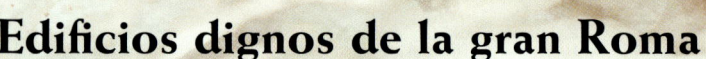

Edificios dignos de la gran Roma

Los combates de gladiadores se convirtieron en el deporte nacional. Así, una ciudad que ofrecía esos juegos era realmente romana y cualquier buen ciudadano romano, de cualquier parte de su territorio, debía sentir pasión por los gladiadores.

En consecuencia, en las distintas poblaciones romanas de Europa, África y Asia se empezaron a construir edificios para esos eventos: los anfiteatros.

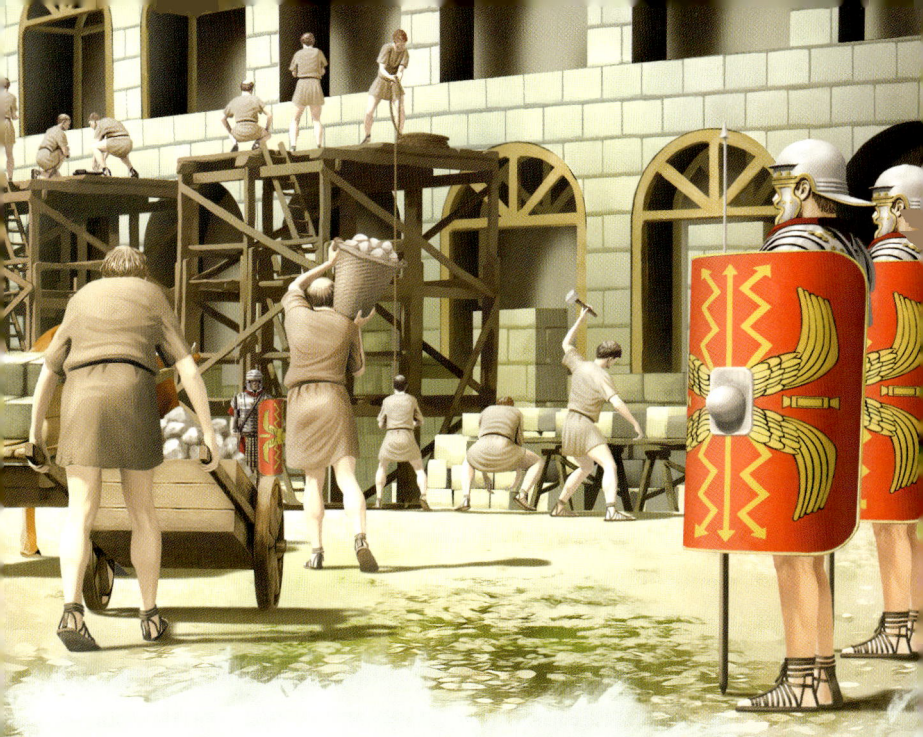

Primero se hicieron de madera, pero después se realizaron en piedra o ladrillo para evitar los incendios o los derrumbes en las gradas (asientos para los espectadores).

Los pueblos conquistados por Roma miraban sorprendidos el desarrollo de las obras. ¡Qué pequeños se sentían a los pies de esas construcciones de la gran civilización!

¡Los más famosos de la ciudad!

Los hombres admiraban a los gladiadores y las mujeres suspiraban de amor por ellos... ¡eran las estrellas de la época! Se escribían sus nombres en las paredes y los poetas les dedicaban canciones.

Sin embargo, la mayoría de estos ídolos eran esclavos y su trabajo se consideraba deshonroso; por ello, la misma gente que los alababa nunca los hubiera querido como vecinos o como maridos de sus hijas.

Así vivían los gladiadores

En su mayoría, los gladiadores estaban obligados a serlo, aunque había algunos chicos que querían convertirse en exitosos luchadores, con el consiguiente disgusto para sus padres. Todos ellos, si querían aprender la profesión, debían entrar en las escuelas de gladiadores (*ludi*).

Nada más llegar decían su juramento: «Juro ser quemado, atado, golpeado y muerto a espada», es decir, juraban luchar hasta incluso morir.

La escuela de gladiadores

En estas escuelas profesionales se formaban, y vivían, tanto los aprendices recién llegados como los más veteranos.

En un principio eran escuelas privadas dirigidas por un empresario *(lanista)*, que ganaba dinero alquilando a sus gladiadores al promotor de los juegos *(editor)*, que solía ser un político.

Al llegar, los aspirantes —descalzos y vestidos solo con algo parecido a unos calzoncillos— recibían una espada de

madera para defenderse del ataque del profesor (*doctor*), que era un gladiador ya retirado. Se trataba de examinar la agresividad, la fuerza y el manejo de la espada del nuevo alumno. ¡Vaya recibimiento!

Convertirse en gladiador no era fácil; debían entrenar durante horas levantando pesas de piedra, luchando entre ellos con armas de madera o golpeando un tronco clavado en el patio.

Escuela pública

En la época imperial se crearon escuelas públicas o del Estado. Así, el emperador no alquilaba gladiadores a los dueños de las escuelas privadas, ¡los tenía gratis en las suyas!

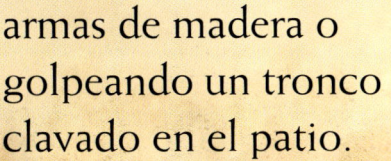

Además estaban encerrados, lejos de sus familias, y algunos muchachos, al provenir de pueblos fuera de Italia, no entendían las órdenes en latín de sus profesores; sin embargo, ¡pensar en el dinero que recibirían tras el primer combate les daba ánimos para esforzarse!

Después de un duro día de trabajo, los gladiadores tenían un momento para relajar sus músculos, bien con una sesión de masajes o con unos relajantes baños de agua caliente y fría.

La alimentación de un gladiador

¡Hora de comer!

Su menú diario estaba compuesto por vino, aceite, alubias y gachas hechas con cereales. Entonces… ¿eran vegetarianos? No, pues de vez en cuando comían carne, a diferencia de la mayoría de los romanos, que ni la probaban por su altísimo precio en el mercado.

Y para no tener falta de calcio, tan importante para los huesos, los gladiadores tomaban una infusión de cenizas de madera y de hueso. ¡Qué asco! ¡Yo prefiero un vaso de leche!

El médico de la escuela controlaba la comida de todos los gladiadores, pues, aunque no variaba mucho, era la necesaria para desarrollar sus músculos y crear una capa de grasa muy gruesa que los protegiera de los cortes de las espadas.

Al anochecer, se dirigían a sus pequeñas celdas a dormir. Para evitar que se fugaran aprovechando la oscuridad, algunos gladiadores eran esposados a la pared.

En el día a día había buenos momentos con los compañeros y se hacían verdaderas amistades, pero sin olvidar que en el combate real, ante miles de espectadores, quizá tuvieran que matar a sus amigos de la escuela o les tocara morir por sus golpes.

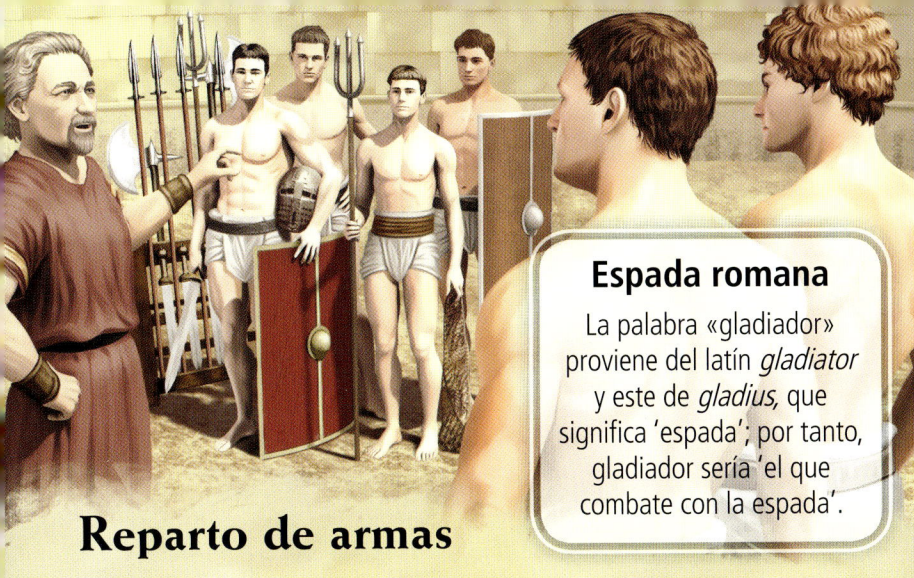

Espada romana

La palabra «gladiador» proviene del latín *gladiator* y este de *gladius,* que significa 'espada'; por tanto, gladiador sería 'el que combate con la espada'.

Reparto de armas

Una vez vistas las cualidades de cada aprendiz, el empresario decidía las armas que utilizaría cada uno: las más pesadas para los más fuertes y las más ligeras para los muchachos más delgados pero ágiles.

Como protección, algunos usaban un casco y un gran escudo rectangular (por ejemplo, el gladiador murmillo) y otros un escudo pequeño y circular (el gladiador *thraex*). Y mientras unos atacaban con espadas muy pesadas (el tipo *secutor*), otros lo hacían con una red y un tridente (el gladiador *retiarius*).

La clase de interpretación

Además de enseñarles el manejo de las armas, también aprendían algo de interpretación, pues era fundamental su capacidad para seducir a los espectadores, ¡debían ganarse al público!

Se les enseñaba a saludar respetuosamente al emperador (o a los políticos), a poner poses para parecer más atractivos o a borrar de su cara la expresión de miedo o de dolor, ya

que los asistentes apreciaban que los gladiadores murieran con valentía.

Los peores alumnos eran, sin duda, los criminales, los esclavos o los prisioneros de guerra, que estaban allí contra su voluntad; sin embargo, con el tiempo la mayoría de esos jóvenes, violentos y sin modales, se convertían en disciplinadas estrellas, pues cuantos más fans tuvieran más dinero recibirían para poder comprar su libertad y regresar a su casa.

Gritos en la grada

Los romanos esperaban sentados en las gradas con gran entusiasmo: ¡el espectáculo iba a comenzar!

Igual que hoy se pegan carteles para dar publicidad a los conciertos, en la Antigua Roma se pintaban anuncios en las paredes, indicando el número de gladiadores del siguiente combate y el nombre del político que lo pagaría.

Durante la noche anterior, algunos hombres habían formado largas colas ante las puertas del anfiteatro para entrar los primeros y conseguir unos asientos mejores que los que figuraban en sus entradas, regaladas unos días antes.

A primera hora de la mañana, se abrían los accesos y, como si se tratara de nuestros campos de fútbol, los ciudadanos entraban emocionados ante la atenta mirada de los soldados que se encargaban de la seguridad.

En los pasillos del anfiteatro se vendían cantimploras, navajas, vasijas, lucernas (lámparas romanas de aceite), muñecos de madera, etc. con forma de gladiadores o con sus dibujos. ¡Había que comprar algún recuerdo del luchador más famoso!

También era el momento de acordar con los demás las últimas apuestas a favor o en contra de algún gladiador.

¡Por fin sentados!

Cada espectador tenía su asiento según el número de su entrada. Los hombres y las mujeres se sentaban separados, al igual que los ricos y los pobres.

Los grandes anfiteatros, en los días más calurosos, tenían un mecanismo para extender un toldo que daba sombra a las gradas y otro que rociaba con agua perfumada para refrescar el ambiente.

¡Vendo cojines!

Si habían olvidado su cojín en casa, los asistentes siempre podían comprar uno al vendedor ambulante que pasaba por la grada antes del inicio de los juegos.

El grandioso Coliseo
¡El anfiteatro más grande del mundo!

Los anfiteatros normales tenían una capacidad para unos 10.000 espectadores, pero en el Coliseo, situado en Roma (la capital del imperio), ¡entraban más de 50.000!

Se accedía o salía a través de 76 puertas, que, junto con los pasillos interiores, permitían desalojarlo en cinco minutos. El Coliseo tenía una altura parecida a un edificio actual de 17 plantas.

Gradas
Aquí se sentaban los espectadores. Se reservaba las primeras filas, con mayor visibilidad del combate, para la gente más rica y las gradas de la parte superior para los más pobres. También, en época del emperador Augusto, se separaba a las mujeres de los hombres.

Palco o zona vip
En el mejor lugar para ver el espectáculo estaba el podio para las autoridades que pagaban los juegos.

Arena
Ahí se celebraba la lucha. Había dos puertas de acceso: los gladiadores vivos entraban o salían por la Puerta de la Vida y los gladiadores muertos eran sacados por la Puerta de la Muerte.

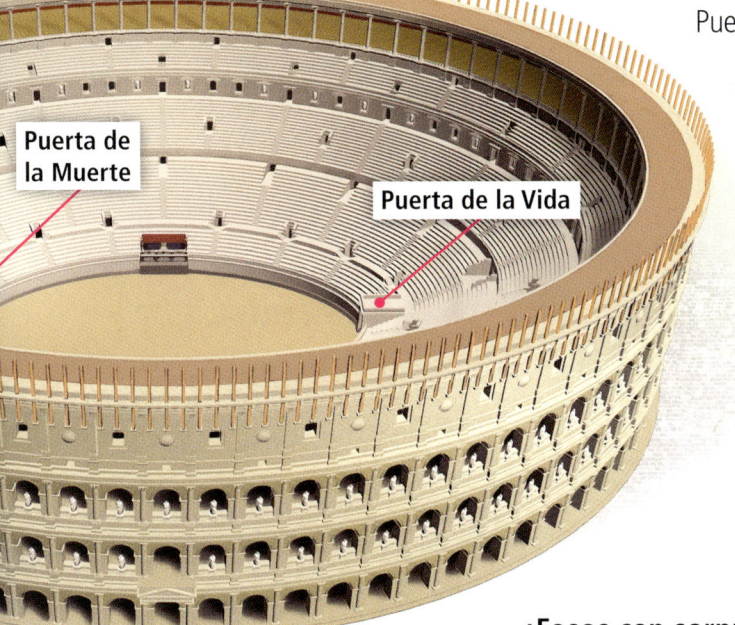

Puerta de la Muerte

Puerta de la Vida

¡Fosos con sorpresa!
Debajo de la arena, oculto al público, había un espacio con jaulas para animales y una especie de ascensores y rampas que permitían que, por sorpresa, aparecieran fieros leones o más gladiadores. También era la zona donde se vestían y esperaban los gladiadores.

Música de ambiente

De repente, una trompeta anunciaba que el emperador —o el dirigente político, según la época— estaba en el palco y la gente miraba con muchísima curiosidad a ese hombre que gobernaba Roma, pues nunca se cruzarían con él por las calles de la ciudad.

Los músicos del anfiteatro, vestidos de blanco con una franja vertical a cada lado, se colocaban sentados cerca de la arena. Durante todo el espectáculo tocaban instrumentos de viento, como la flauta, la trompeta y el cuerno (instrumento en forma de G).

La música servía para llamar la atención de los espectadores que charlaban despistados o para exaltar los momentos de mayor tensión en la lucha. Todos entendían la función de esos sonidos, pues se utilizaban en todas partes, incluso en la batalla, donde, a falta de teléfonos, usaban las trompetas para dar órdenes a los soldados que estaban lejos.

¿Por qué iban al anfiteatro?

Los romanos acudían a estos lugares para ver el combate pero también para conversar o cotillear con los vecinos y amigos, ligar con las muchachas romanas, hacer apuestas sobre el resultado de la lucha y recibir regalos en los sorteos... ¡y hasta comida!

   El organizador de los juegos mandaba lanzar sobre la grada panes, fruta y trozos de carne, que despertaban un

gran entusiasmo, ya que no se solían comer por su elevado precio.

De este modo el emperador alimentaba al pueblo (empobrecido y sin trabajo) y también evitaba disturbios, pues con la tripa llena la gente no se quejaba ni criticaba los lujosos banquetes que el emperador ofrecía en el palacio a sus amigos.

¡Pan y circo!

Frase de desprecio dirigida por Juvenal, un escritor romano del siglo I, a los ciudadanos que solo pedían comida y entretenimiento sin preocuparse por cambiar la mala situación económica.

¿Y tú de qué gladiador eres?

Se trataba de un juego sanguinario donde todos participaban: los gladiadores luchando y los espectadores animando a su preferido y ridiculizando a su oponente. Cada luchador tenía sus fans.

Hombres, mujeres y niños chillaban desde las gradas: «¡Abajo el *retiarius*!», «¡Tocado, le ha tocado!», «¡Golpéalo!» o «¡Lo tienes a tu izquierda!».

En la escuela, los niños aprendían muchas cosas pero la formación militar la

recibían en el anfiteatro, pues ¡no se podía llevar a los menores a la peligrosa guerra!

Allí los niños veían cómo aquellos hombres se convertían en grandes guerreros gracias al entrenamiento y la disciplina. Eran sus ídolos, pero no debían tomarlos como ejemplo, ya que los gladiadores peleaban como parte de un espectáculo, mientras que ellos de mayores debían ser legionarios, ¡soldados que combatían por su patria!

¡Muerte en la arena!

Antes de que la arena del anfiteatro absorbiera la sangre derramada por los gladiadores, en esa zona central se celebraban desde primera hora de la mañana las cacerías de animales.

Los primeros romanos vivían en el campo y a menudo cazaban en los bosques, pero al haberse trasladado a las ciudades echaban de menos la naturaleza. Por eso, en el anfiteatro también recrearon esas persecuciones de animales.

¡Cuidado con las fieras!
Animales desconocidos en la arena

Al principio, los cazadores del anfiteatro persiguieron ciervos, jabalíes y toros, pero con el tiempo estos animales fueron sustituidos por otros más exóticos, como osos, elefantes, leones, tigres, etc., que fueron transportados desde los lejanos países conquistados. La mayoría de los romanos que estaban en las gradas no conocían esas peligrosas fieras y se quedaban muy asombrados al verlas.

Los cazadores, a pie o a caballo, ayudados por sus perros y sus lanzas, salían a la arena ante aquellas fieras que llevaban días sin comer. Y para que pareciera más real, se construyeron decorados que simulaban bosques o selvas.

También realizaron enfrentamientos de leones contra tigres. ¿Qué animal ganaría? ¡Era todo un espectáculo!

Los animales muertos eran sacados a rastras de la arena por la Puerta de la Muerte y en una sala los troceaban para repartir su carne entre los hambrientos espectadores, que los cocinarían en sus casas al día siguiente.

Después, unos trabajadores del anfiteatro extendían arena limpia sobre las manchas de sangre con un rastrillo, pues… ¡el espectáculo debía continuar!

Duro castigo a los criminales

Llegaba la hora de las ejecuciones de criminales condenados a muerte por sus delitos. Según la gravedad de lo que hubieran hecho, los enfrentaban entre sí hasta morir o los dejaban solos ante las fieras y un público entusiasmado.

Con ello se buscaba que los espectadores no tuvieran tentación de robar o asesinar, pues podían acabar muriendo en ese mismo lugar.

¡Qué salgan los gladiadores!
Los romanos, tras comer algo en la propia grada para que no les quitaran sus asientos, disfrutaban del momento más esperado de todo el espectáculo: ¡el combate de los gladiadores!

Para esa hora las calles de la ciudad se hallaban vacías, pues los romanos en paro y los trabajadores, que ya habían acabado su jornada laboral, estaban en el anfiteatro dispuestos a divertirse.

Los gladiadores habían sido trasladados en lujosos carros desde la escuela hasta el anfiteatro y esperaban la orden de salida preparando sus armas o rezando a Némesis, patrona de los gladiadores y diosa de la venganza o de la justicia.

Por fin los luchadores salían a la arena por la Puerta de la Vida, desfilando con sus armaduras en dirección al palco para saludar a las autoridades romanas.

Saludo al emperador

«¡Ave, César, los que van a morir te saludan!». Parece que esta frase es más de las películas que de la realidad, pues lo normal era que los gladiadores saludaran solo con una reverencia.

    Después los gladiadores abandonaban la arena para quitarse esas pesadas armaduras y volvían todos juntos con una ropa más adecuada para luchar e iniciaban el calentamiento allí en la arena, con armas de madera como las de la escuela.

    De nuevo se retiraban todos, pues debían elegir el orden de las parejas que lucharían. A continuación, dos combatientes aparecían por la Puerta de la Vida o alguno salía por sorpresa a la arena subiendo por las trampillas subterráneas.

Las reglas del juego
¡No valía cualquier cosa!

En el anfiteatro los aficionados no iban a ver una matanza, sino que esperaban contemplar la destreza con las armas y la valentía; por tanto, había un par de árbitros que vigilaban el cumplimiento de estas reglas:

• Si un gladiador perdía su arma por mala suerte, no por fallar ante su adversario, se le permitía recuperarla.

• No había asaltos (tiempos dentro del combate, como pasa en el boxeo), pero el árbitro podía conceder una pausa para recuperar el aliento si duraba mucho.

• Podían rendirse y de inmediato se paraba el combate.

Era fácil reconocer a los árbitros: vestían una túnica blanca con dos bandas rojas y llevaban un palo largo para separar a los gladiadores si era necesario.

Peleas sangrientas

Solían durar entre 10 y 15 minutos; era poco tiempo pero tenían que luchar con pesadas armas y esforzándose al máximo.

El resultado de la pelea podía ser: morir, vencer, empatar (en enfrentamientos largos sin vencedores) y rendirse. Cuando un gladiador no aguantaba más, tiraba su escudo; el ganador lo pisaba y levantaba la espada sobre la cabeza del perdedor esperando el veredicto.

¿Quién decidía la muerte o la vida del vencido? Pues… ¡los espectadores!

Si los asistentes creían que el vencido debía sobrevivir gracias a su exhibición de fuerza y destreza, agitaban un pañuelo blanco o el extremo de su toga; si pensaban que debía morir por su torpeza con las armas, hacían un gesto distinto: se llevaban el pulgar al cuello.

El emperador, haciendo caso a la mayoría, daba la orden al vencedor.

Gesto con el pulgar

En las películas de gladiadores el público dirige el pulgar hacia arriba o hacia abajo para decidir el destino del perdedor, pero en realidad ese gesto no se usaba.

Premios para el vencedor

Mientras el vencedor saludaba a sus partidarios, el vencido salía de la arena por su propio pie (si le habían perdonado la vida) o arrastrado por los trabajadores del anfiteatro (si estaba muerto).

El ganador recibía una corona de laurel, una túnica púrpura (símbolo del triunfo) y una bandeja de plata donde recogería las monedas que el emocionado público le lanzaba.

Igual que los mejores futbolistas de nuestra época compiten por el Balón de oro, los gladiadores romanos aspiraban a conseguir la *rudis* (espada de madera). Se trataba del máximo reconocimiento en la profesión y para los gladiadores esclavos significaba la libertad, pues entonces podían elegir entre regresar a sus aldeas con su familia o convertirse en maestros de las escuelas de gladiadores.

Gladiadores famosos

Algunos gladiadores se convirtieron en auténticos ídolos, como Espartaco, Vero, Prisco y Flamma, e incluso hubo un emperador, llamado Cómodo, que bajó a la arena a luchar.

Espartaco, el rebelde

Nació en Tracia (actual Bulgaria) y muy joven se alistó en el ejército romano pero no le gustó y se escapó. Tras ser capturado fue esclavizado y vendido como gladiador.

En el año 73 a.C. huyó de la escuela de gladiadores con 78 compañeros, entre ellos el cruel Crixo, que acabó solo, pues prefería robar a los ricos en lugar de luchar contra los legionarios romanos.

Muchísimos esclavos se unieron enseguida a Espartaco, pues su objetivo era acabar con la esclavitud en Roma. Las autoridades no le dieron demasiada importancia, hasta que… ¡Espartaco reunió a 100.000 hombres!

El final de la rebelión

El emperador, preocupado por esta revuelta que duraba meses, mandó a 40.000 legionarios para acabar con él. Finalmente lo rodearon al sur de Italia y lo mataron junto a miles de esclavos. Las represalias no terminaron ahí, pues 6.000 prisioneros supervivientes fueron crucificados en la Vía Apia (principal carretera de acceso a Roma).

Muerte en la cruz

Muchos criminales de la Antigua Roma eran clavados o atados por los tobillos y las muñecas a una cruz de madera, donde morían a la vista de todos para dar ejemplo.

Grafitis, la historia en las paredes

¿Los romanos grafiteaban?

¿Cómo sabemos tanto de los gladiadores? Los historiadores han obtenido mucha información de los edificios y de los objetos de la vida cotidiana que han llegado hasta nuestros días, pero sobre todo de los textos escritos en latín por los propios romanos.

Mientras los ricos escribían con tinta en los papiros, los más humildes, ayudados de un punzón, hacían grafitis en las paredes de las calles de las ciudades romanas.

En ellos, los antiguos romanos dejaban comentarios amorosos («Celado, tracio, el ídolo de las chicas»), anuncios («D. L. Satrius Valens, hijo de César Augusto. Lucharán 20 pares de gladiadores los días 6.º, 5.º, 4.º, 3.º de los idus de abril. Habrá una cacería»), insultos («Perarius, ¡eres un ladrón!») e incluso los resultados del combate («Aureliano, murmillo, de la escuela imperial, asesinado»).

Vero y Prisco, los mejores amigos

El primer día de los juegos con los que se inauguraba el gran anfiteatro de Roma, conocido como el Coliseo, combatieron los esclavos Vero y Prisco.

Estos grandes amigos no supieron que se iban a enfrentar hasta que se vieron cara a cara en la arena del anfiteatro.

Ambos compañeros de escuela disimularon su sorpresa como pudieron —¡un gladiador nunca mostraba sus sentimientos!— y lucharon a vida o muerte.

El combate se alargaba demasiado y ambos seguían resistiendo sin rendirse; incluso recurrieron a los puños cuando habían perdido las armas.

Al anochecer, el público pidió a gritos el empate, pues ambos estaban demasiado cansados para continuar, y por fin el emperador, reconociendo la destreza de aquellos dos hombres, les concedió la *rudis* (espada de madera), que significaba la libertad. ¡Los dos amigos gladiadores pelearon y los dos ganaron!

Vivir hasta los 35

En tiempos de los romanos, la gente solía morir alrededor de los 35 años, pues no existía una buena alimentación, ni higiene o medicamentos para curar.

Flamma, el gladiador fiel

Este luchador de origen sirio recibió cuatro veces las *rudis*, pero siempre rechazó la libertad y permaneció fiel al dueño de su escuela hasta que murió con 30 años. Su nombre significa 'llama'.

Nunca abandonó esta profesión, que, a pesar de ser peligrosa, le proporcionaba dinero y prestigio; además, en aquella época de crisis económica no era fácil encontrar trabajo en la ciudad.

Cómodo, más que un emperador

Era hijo del emperador Marco Aurelio, quien le proporcionó una espléndida educación, pero Cómodo estaba más interesado en los gladiadores que en gobernar el Imperio romano.

Llegó a participar en muchísimos combates contra gladiadores y siempre ganaba; era normal: ¡sus oponentes peleaban con espadas de madera!

Desaparición del espectáculo

Las autoridades romanas llevaban muchísimos años organizando los juegos de gladiadores para entretener a un público cada vez más exigente.

Renovarse o desaparecer
Existía un director de escena que se encargaba de crear las llamativas escenografías y de coordinar todo

el programa: cacerías, ejecuciones y combates de gladiadores.

De él dependía que los asistentes salieran contentos del anfiteatro o mostraran su malestar a base de pitidos y silbidos desde la grada.

Incluso se realizaron *naumachiae* (combates navales) para asombrar todavía más al público, pero se celebraron en poquísimas ocasiones porque precisaban de muchísima agua.

El fin de los juegos

En el siglo III el ejército romano necesitaba defender su imperio de los bárbaros (pueblos extranjeros) y ya no podía conquistar más territorios.

Sin conquistas, los legionarios no conseguían las riquezas de los pueblos enemigos ni capturaban prisioneros; en consecuencia, no tenían esclavos que trabajaran gratis y… ¡de nuevo había una crisis económica!

¿Ahora hay esclavos?

Actualmente hay millones de personas, sobre todo mujeres y niños, que trabajan muchísimas horas, privadas de su libertad, en algunos países del mundo.

No era de extrañar que los espectáculos decayeran, pues los gladiadores famosos tenían sueldos demasiado altos para aquella época de pobreza y los animales exóticos escaseaban debido a la caza sin control durante tantos años (¡algunas especies casi se extinguieron!).

Además los cristianos, muy críticos con esos juegos, presionaban al emperador para que los suprimiera.

Cristianos en la arena
Persecución de la nueva religión

Casi al mismo tiempo que se establecía el Imperio en Roma, surgía una nueva religión llamada cristianismo que afirmaba la existencia de un único Dios, la igualdad de todas las personas y la necesidad de practicar la humildad, la caridad, el amor y el perdón al prójimo.

Partiendo de Palestina, el cristianismo se difundió poco a poco por todo el Imperio a pesar de ser duramente perseguido.

Expansión del cristianismo

Océano Atlántico

Roma

Mar Mediterráneo

Centros cristianos

Ignorados

El cristianismo nació en el siglo I con las enseñanzas de Jesús, un judío que predicaba en una zona dominada por Roma: Palestina. Al principio, las autoridades romanas pensaron que era una secta judía sin importancia, pero la cosa cambió cuando Jesús y sus apóstoles criticaron el sistema romano de esclavitud y el culto al emperador.

Devorados por las fieras

En el año 33 d.C. el gobernador romano de Palestina mandó crucificar a Jesús y perseguir a sus seguidores. Entre los siglos I y IV los cristianos fueron crucificados y en algunas ocasiones se les consideró criminales y, por tanto, recibieron el castigo de ser devorados por las fieras en la arena del anfiteatro o del circo.

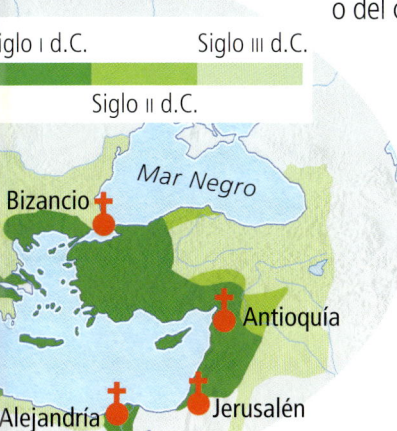

Fin de las persecuciones

En el siglo IV d.C. el cristianismo estaba muy extendido por todo el Imperio. El propio emperador Constantino fue bautizado y prohibió la condena a muerte ante las fieras y las persecuciones de cristianos.

El último combate

En el año 326 d.C. el emperador cristiano Constantino prohibió que los animales mataran en el anfiteatro a los condenados, pero las peleas de gladiadores continuaron hasta el año 404 d.C., en que se celebró la última lucha conocida.

Sucedió que un monje procedente de Asia, llamado Telémaco, se interpuso entre una pareja de gladiadores para evitar el combate. Parece ser que

¿Hubo gladiadoras?

Claro que sí, aunque fueron pocas y nunca alcanzaron la fama de los gladiadores, pues muchos ciudadanos las criticaron por considerar que era una profesión de hombres.

los espectadores, enfurecidos por la interrupción, lo mataron lanzándole piedras desde la grada.

El emperador Honorio, al conocer la noticia, lo incluyó en la lista de santos de la Iglesia católica y prohibió definitivamente los juegos de gladiadores.

Este violento espectáculo de la civilización romana llegaba a su fin… ¡después de casi mil años de celebración!

Gladiadores de película

Se han rodado muchas películas sobre los romanos, pero pocas se centran en los gladiadores. La más famosa es la estadounidense *Espartaco*, dirigida en 1960 por Stanley Kubrick y ganadora de cuatro premios Oscar. En ella el actor Kirk Douglas interpretó al esclavo Espartaco, que lideró una importante rebelión contra el poder de Roma. En el año 2000 se estrenó *Gladiator*, la historia de un general victorioso convertido en esclavo por el envidioso y cruel emperador Cómodo y que triunfó como gladiador.

También destaca la película *Astérix y la sorpresa del César*, donde el inteligente Astérix y el fiel Obélix acaban como gladiadores durante el rescate de unos amigos apresados en Roma.

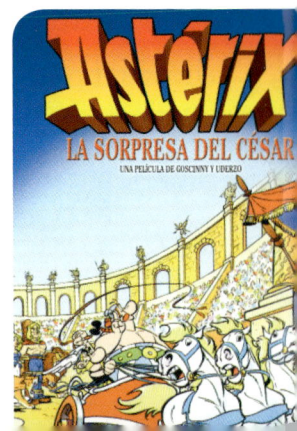

LA ROMA DE LOS GLADIADORES

Les debemos mucho a los romanos: nuestro idioma, la enseñanza pública, el derecho, las carreteras, el alcantarillado, etc., pero la Antigua Roma era una civilización muy distinta a la nuestra... ¡menos mal!

Si nos trasladáramos en una máquina del tiempo a la Roma de hace dos mil años, lo primero que nos sorprendería, además del mal olor y la suciedad, sería la falta de compasión. La vida de un hombre valía muy poco o nada si era un esclavo, ya que era considerado un animal que hablaba.

Y la violencia estaba en todas partes: en los espectáculos (los actores morían en el teatro si el papel lo requería y los gladiadores luchaban a vida o muerte), en la guerra (los crueles soldados destruían los poblados enemigos y capturaban muchos prisioneros que eran convertidos en esclavos), en la política (los emperadores habían sido sanguinarios militares o habían accedido al poder matando al anterior emperador) y en la propia familia (era habitual el abandono de niños, que acababan siendo vendidos como esclavos).

COLECCIÓN *LEER CON SUSAETA*

Nivel 0. Aprendo a *LEER*

1. Los bebés de los animales • 2. El patito feo • 3. Cenicienta
4. El lobo y los siete cabritillos • 5. El burrito Platero • 6. El león valiente

Nivel 1. Empiezo a *LEER*

1. Animales de la granja • 2. Fiesta de brujas • 3. Castillos de miedo
4. Historias de ogros • 5. Historias de ponis • 6. El porqué de los animales
7. El porqué del cuerpo humano • 8. Adivina adivinanza • 9. Caperucita Roja
10. Pulgarcito • 11. La bella durmiente • 12. Los tres cerditos
13. Fábulas de animales • 14. Historias de Hadas y Princesas
15. El mago de Oz • 16. Historias del Arca de Noé • 17. Animales viajeros
18. El mundo de los osos

Nivel 2. Ya sé *LEER*

1. Historias de dragones • 2. Caballeros medievales
3. El libro de la selva • 4. Pinocho • 5. La sirenita
6. Las princesas bailarinas • 7. La Bella y la Bestia • 8. Blancanieves
9. Cuentos españoles • 10. El Cid Campeador • 11. El mundo de los tiburones
12. Los mejores chistes • 13. El mundo de los dinosaurios • 14. Historias de aviones
15. Nuestros amigos los perros • 16. Historias de barcos • 17. Historias de trenes
18. Historias de coches • 19. Historias de la Biblia

Nivel 3. La aventura de *LEER*

1. La isla del tesoro • 2. El lazarillo de Tormes • 3. Las aventuras de Tom Sawyer
4. Mujercitas • 5. Sandokán • 6. La vuelta al mundo en 80 días
7. Un capitán de quince años • 8. La cabaña del tío Tom • 9. La isla misteriosa
10. Moby Dick • 11. Robin Hood • 12. El prisionero de Zenda
13. Los tres mosqueteros • 14. Alicia en el país de las maravillas • 15. Heidi
16. Romeo y Julieta • 17. Los buscadores de tesoros • 19. La hija del capitán
20. Pollyanna • 21. Capitanes intrépidos • 22. Máquinas
23. Miguel Strogoff • 24. La vida en los castillos • 25. Samuráis
26. Federico García Lorca • 27. Gladiadores • 28. Genoveva de Brabante
29. Platero y yo y otros poemas • 30. Historias de caballos

Nivel 4. El placer de *LEER*

1. Los viajes de Gulliver • 2. Drácula • 3. Robinson Crusoe
4. De la Tierra a la Luna • 5. Viaje al centro de la Tierra • 6. Frankenstein
7. Veinte mil leguas de viaje submarino • 8. Cinco semanas en globo • 9. Ben-Hur
10. Aventuras de Sherlock Holmes • 11. Oliver Twist • 12. David Copperfield
13. Las minas del rey Salomón • 14. Jane Eyre • 15. Cuentos de la Alhambra
16. Corazón • 17. Leyendas de Bécquer • 18. Colmillo Blanco
19. Los domadores de dragones • 20. Aventuras de piratas
21. Don Quijote de la Mancha • 22. Dos años de vacaciones
23. Lawrence de Arabia • 24. El diario de Ana Frank • 25. Cuentos de terror
26. Ivanhoe • 27. La Primera Guerra Mundial • 28. La Segunda Guerra Mundial
29. Cruzados • 30. Gustavo Adolfo Bécquer